Chris Bloom

HEARTset over Mindset

kailash

CHRIS BLOOM

HEARTSET *over* MINDSET

52 INSPIRATIONEN
für dich

kailash

VOM KOPF INS HERZ

Hi! Ich freue mich riesig, dass du dieses Buch in deinen Händen hältst und diese Zeilen liest. Für mich ist mit dem Buch ein Traum in Erfüllung gegangen, und du kannst nun daran teilhaben. Lass mich dir eines gleich zu Beginn sagen:

Du wirst geliebt. Du bist wertvoll, und du bist gut genug.

Ich selbst habe wirklich schwere Zeiten durchgemacht, und ich weiß, wie es sich anfühlt, wenn man blockiert ist und mit sich selbst hadert. Ich weiß, wie es ist, wenn man sich mit seinen Problemen allein fühlt und niemand einen versteht oder ernst zu nehmen scheint. Und ich habe auch erfahren, wie stark es sein kann, wenn jemand tatsächlich ohne Urteil zuhört und helfen möchte.
In meiner Vergangenheit bin ich wie ein »Zombie« durch die Welt gelaufen und wusste nicht, wer ich bin. Ich dachte lange Zeit, dass ich irgendwie falsch sei. Ich war überfordert. Ich weiß, wie es ist, wenn man nur Dunkelheit sieht, wenn man sich gelähmt fühlt und nicht weiterweiß. Was ich heute weiß: Ich bin ein sensibler Mensch und hatte keinen Zugang zu mir.

Ich habe ein Bachelor- und Master-Studium absolviert, habe Auszeichnungen für meine Leistungen erhalten, war in der strategischen Beratung – und fühlte mich unglücklich. Das war nicht das Leben, das ich selbst wollte. Ich habe ein Leben gelebt, das den Vorstellungen meines Umfelds entsprach, aber nicht meinen eigenen. Glücklicherweise habe ich mittlerweile sechs Jahre Erfahrung darin, wieder in meine Kraft zu finden, da ich all diese dunklen Phasen in meinem Leben überwunden und jetzt inneren Frieden gefunden habe. Seitdem setze ich mich intensiv mit den Themen Persönlichkeits- und Potenzialentfaltung, Bewusstheit, Beziehungen und Liebe auseinander.

Meine Vision ist es, so viele Menschen wie möglich dazu zu bewegen, das eigene Potenzial und die authentische Verbindung mit sich selbst zu entdecken, um erfüllte Beziehungen leben zu können.

Also hör auf, dir einzureden, dass du nicht stark, groß oder intelligent genug seist. Hör auf, darauf zu warten, dass dir jemand anders sagt, du seist gut genug. Ich habe darauf bis zu meinem 27. Lebensjahr gewartet. Fang du am besten gleich jetzt an, es dir selbst zu sagen.

Folge deinem Herzen! Mach, was dich selbst glücklich macht, und folge nicht den Erwartungen anderer.

Ich höre in den letzten Jahren kaum ein anderes Wort so häufig wie *Mindset:* »Du musst ein besseres Mindset haben!« Aber wie soll es funktionieren, unsere Denkweise zu ändern, wenn wir nicht fühlen, was wir uns einzureden versuchen? Wenn wir nicht unsere eigene innere Wahrheit kennen, kreieren wir aus Ungewissheit und Angst heraus. Und daher sind für mich das innere Wissen und die Liebe zu sich selbst das Wichtigste.

Dies ist der entscheidende Punkt: Klar können wir versuchen, unser Mindset in eine andere Sphäre zu pushen, uns hinderliche Glaubenssätze abzutrainieren und unsere Wünsche zu realisieren. Doch wenn wir keine Verbindung zu deren Basis haben, können wir nicht vollkommen bewusst kreieren.

Die Basis deines Mindsets, deiner Geisteshaltung, ist dein HEARTset, deine Herzenshaltung. Das HEARTset ist die Wurzel, aus der ein gesundes Mindset erwächst. Erst wenn du Zugang zur Basis hast, wenn du all die trennenden Schichten zwischen Kopf und Herz auflöst, kannst du bewusst aus dem Herzen kreieren: Dann entsteht ein Mindset, das dich authentisch macht und nicht gespielt ist; ein Mindset, das dir leichtfällt und nicht schwer; ein Mindset, das nachhaltig und nicht kurzlebig ist. Aus diesem Grunde sage ich dir: Fang mit der Verbindung zu dir selbst und deinem HEARTset an – und du wirst Wunder erleben!

HEARTSET

= SELBSTLIEBE
+ AUTHENTIZITÄT
+ ERFÜLLTE BEZIEHUNGEN

CHRIS bloom

BLEIBE SO LANGE BEI DIR, BIS DU WIEDER DU SELBST BIST

Wie viel Zeit verbringst du mit dir selbst? Es ist einfach, andere Leute zu beobachten und herauszufinden, warum sie Dinge tun, die sie tun. Manchmal ist es zehnmal schwerer, sich selbst so zu betrachten. Überlege einmal, wie viel Zeit du oder deine Freunde damit verbringen, über die Handlungen anderer nachzudenken und vielleicht zu urteilen.
Hand aufs Herz: Wie viel Zeit verbringst du mit dir selbst? Die Beziehung, die du mit dir selbst hast, ist die wichtigste Beziehung der Welt. Wenn du in der schönsten und stärksten Beziehung mit dir selbst bist, dann bist du dies gleichzeitig mit

allen Menschen aus deinem Umfeld. Dann ziehst du wohltuende Dinge und Menschen magisch an.
Es ist an der Zeit, nicht länger zu versuchen, aus unseren Gefühlen heraus zu denken, sondern zu lernen, mit ihnen befreundet zu sein. Es ist an der Zeit aufzuhören, unseren Körper zu hassen, und stattdessen zu lernen, ihn zu fühlen. Es ist an der Zeit, sich zu zeigen und für sich einzustehen. Es ist an der Zeit, unser bester Freund oder unser liebevoller Elternteil zu werden, wenn wir im Stich gelassen wurden. Es ist an der Zeit, neue, liebevolle, gesunde Muster und Rituale festzulegen und unser eigener Retter zu sein.
Beginne damit! Bei dir selbst!

Schenke dir selbst Wertschätzung durch Ich-Zeit und Selbstliebe.

SELBSTLIEBE

DU KREIERST **DEINE GEFÜHLE** SELBST.

Niemand kann dir von außen ein Gefühl einpflanzen. Es ist deine Wahl, wie du dich fühlst. Deine Gefühle werden von dir selbst kreiert, und du trägst für sie die Verantwortung.

Du kannst in jeder Situation wählen,
wie du dich fühlen möchtest.

Es ist nicht entscheidend, was im Außen geschieht, sondern wie du damit umgehst. Du selbst gibst deinen Gefühlen eine positive oder negative Bedeutung. Im Ursprung sind weder Gefühle noch Gedanken positiv oder negativ. Wir bestimmen also selbst, ob wir sie als positiv oder negativ wahrnehmen möchten. Das Fühlen von Trauer gehört genauso dazu wie das Gefühl von Freude. Erst wenn wir Trauer zuzulassen vermögen, können wir die glücklichen Momente noch mehr genießen. Auch wenn es am Anfang kein einfacher Weg ist, wird er sich doch lohnen und dich glücklicher machen.
Lass Gefühle los, die dich runterziehen oder dich mit dir selbst hadern lassen. Kreiere in dir Gefühle von Liebe, Ruhe und Kraft – und du wirst dich friedvoll und leicht fühlen.

BEGEGNE DIR IN DEINEM HEARTSET!

**Wenn wir wirklich zulassen können,
was ist, und die Schichten
zwischen dem Ego beziehungsweise Verstand
und dem Herzen auflösen,
dann begegnen wir uns mehr und mehr
im Herzen. Für mich ist HEARTset,
also das Leben aus dem Herzen heraus,
eine Lebensphilosophie.**

Sie beruht nicht nur darauf, sich im Herzen zu begegnen, sondern auch darauf, aus vollem Herzen zu leben: authentisch, erfüllt und liebevoll. Daraus kreieren wir unsere eigene Wahrheit und können diese auch im Außen manifestieren. Wenn wir wirklich mit uns selbst verbunden sind, dann erleben wir uns in einem neuen Raum. Um dem näher zu kommen, stell dir einmal ein paar Fragen, zum Beispiel: Was liebst du an dir selbst? Vielleicht deinen Humor oder deine Augen? Oder: Worauf bist du stolz? Vielleicht auf die Reise, die du allein unternommen hast, oder auf eine abgeschlossene Ausbildung? Lass deinen Assoziationen freien Lauf und hab viel Freude bei der Begegnung mit deinem Herzen.

Frage dich:

- Wofür bin ich von Herzen dankbar?
- Welche Menschen und Erfahrungen erwecken mein Herz zum Leben?
- Was liebe ich zu tun?
- Wenn ich die Wahl und alles Geld der Welt hätte, was würde ich tun?
- Was liebe ich am meisten an mir selbst?
- Worauf bin ich stolz und warum?

DEIN

NEUES LEBEN

WIRD DICH DEIN
ALTES KOSTEN.

CHRIS bloom

DEIN HERZ IST NICHT GEBROCHEN – ES ENTFALTET SICH NEU!

Ein gebrochenes Herz ist ein offenes Herz. Das ist wirklich so einfach. Wir bezeichnen es als gebrochen, aber in Wahrheit entfaltet sich dein Herz neu.
Erkenne die Schönheit in deinem Schmerz. Das Herz sollte niemals zum Schweigen gebracht werden. Es sollte gefragt werden: »Was brauchst du von mir?«
Deine Fähigkeit zu lieben wird sich immer in der Tiefe deines Schmerzes widerspiegeln. Nicht nur die Liebe ist ein Geschenk, sondern auch der Kummer, der Schmerz. Wir können den Schmerz als Einladung sehen, die enorme Leistungsfähigkeit unseres Herzens zu bezeugen.

Gebrochene Herzen atmen das Leben. Sie laden uns ein, uns selbst zu ehren. Sie laden uns ein, eine Lehre aus der Erfahrung zu ziehen, damit wir unsere Hand aufs Herz legen und die Narbe heilen können.
Was bedeuten Selbstliebe und Selbstheilung? Dass du dich auch dann wohltuenden Ritualen widmest, wenn du nicht das Gefühl hast, dich selbst zu lieben. Dass du auch dann zu dir sagst:

**»Ich liebe mich. Ich ehre mich.
Ich zeige mich.«**

Wiederhole diese Sätze täglich, und du wirst es schon bald glauben. Tue also etwas in kleinen Schritten, das dich immer wieder aufs Neue in deine Kraft bringt und dein Herz nährt.

SELBSTVERTRAUEN

DEIN TIEFPUNKT
WIRD DEIN
STARTPUNKT SEIN.

Es wird der Zeitpunkt kommen, an dem du denkst, dass alles vorbei sein könnte. - Das wird der Anfang sein!

Sehr viele Menschen kontaktieren mich, weil sie inmitten von Chaos, Panik und Verzweiflung nach einer Lösung suchen. Sie sind an einem inneren Ort, an dem wir alle schon mal waren und an dem wir das Gefühl haben, dass unsere Welt untergeht und wir *jetzt* eine Antwort brauchen.

Und sehr oft ist meine Antwort dieselbe: »Wende dich nach innen. Werde weich. Atme. Hör einmal zu. Hör dir zu! Sei ruhig.« Ein Großteil des Chaos, das in unserem Geist existiert, kann nur aufgelöst werden, indem wir es im Körper spüren. Finde heraus, wo du dieses Gefühl in deinem Körper wahrnimmst, und gehe mit deiner Aufmerksamkeit dorthin. Bleibe dort. Tauche Stück für Stück weiter hinein. Bitte den Teil deines Körpers zu sagen, was ihm fehlt. Was will dein Körper dir mit dieser Empfindung mitteilen? Beobachte, was passiert, wenn du dich dem Gefühl öffnest, anstatt panisch davonzulaufen.

Wir glauben, wir könnten uns buchstäblich aus unserem Schmerz hinausdenken. Aber das ist nicht wahr. Der einzige Ausweg aus dem Schmerz besteht darin, in ihn hineinzugehen. Es geht nicht um einen Denkprozess, sondern um einen Prozess des verkörperten Fühlens.

FRAGE DICH, WAS DU LEID BIST ODER SATTHAST!

Wovon hast du genug? Reicht es dir endgültig, es immer allen recht machen zu wollen? Hast du es satt, wütend, traurig oder ängstlich zu sein? Dich zu verstellen? Liebe zu vermeiden? Bist du es leid, zu geben und nichts zurückzubekommen?

Beantworte jetzt die Frage: »In welchen Bereichen meines Lebens habe ich es satt, mich zu verstellen?«

Liste auf, was du endgültig leid bist, zum Beispiel:

- Ich bin es leid, perfekt sein zu wollen.
- Ich bin es leid, meinen Schmerz zu meiden.
- Ich bin es leid, mich abzulenken.
- Ich will keine Angst mehr davor haben, was andere Leute von mir denken.
- Ich will endlich in meinem Leben aufräumen.

Schreibe nun auf, was auf dich zutrifft:

- ....
- ....
- ....
- ....

WIEDERHOLE

JEDEN MORGEN:

»ICH BIN GUT GENUG.
ICH BIN WERTVOLL.
ICH BIN GROSSARTIG.«

CHRIS *bloom*

sealand

WENN DU »DEN EINEN« PARTNER FINDEN WILLST, DANN SEI DIESER EINE PARTNER!

Hand aufs Herz: Wie oft ist in deinem Leben schon einmal der Gedanke hochgekommen, dass es für dich nicht den passenden Menschen an deiner Seite gibt? Egal, ob wir in einer bestehenden Beziehung oder Single sind: Wir vergleichen, wägen ab – und am Ende stehen wir mit unseren Vorstellungen wieder allein da. Also frage dich lieber einmal, was du mit einem Partner fühlen willst und was er dir bieten soll – und dann geh in dieses Gefühl hinein und sei selbst dieser eine Partner!

Sehnsucht nach dem Seelenverwandten

Wenn wir die eine Person suchen, die alle unsere Wünsche erfüllen soll, geht es eigentlich nur darum, jemanden zu finden, der unsere inneren Schlösser wirklich öffnen kann. Die Rede ist von »dem einen« Partner, unserem *Soulmate*.

Bei diesem Menschen fühlt es sich sofort so an, als würdest du ihn schon dein Leben lang kennen. Du spürst eine tiefe Verbundenheit, und es kommt dir vor, als könntest du seine Sätze vollenden.

Woran liegt es, dass du diesen Menschen nicht findest?

Die Menschen, mit denen du ausgehst, sind ein Spiegelbild deiner selbst. Wenn du also das nächste Mal jemanden kennenlernst, der deine Checkliste nicht erfüllt, frage dich, ob du selbst deine Checkliste erfüllst.

Anstatt dich also zu fragen: »Warum passiert mir das immer wieder?«, überlege dir lieber: »Was tue ich da?«

Wie innen, so außen

Sobald du dich mit dem Menschen innerhalb deiner körperlichen Hülle vertraut gemacht hast und vollkommen in Einklang bist mit den Dingen, die du liebst, wirst du die gesuchte Person anziehen.

STÄRKE DEIN HEARTSET

**Setze eine Erklärung auf,
in der du dir selbst versprichst,
für dich da zu sein –
in guten wie in schlechten Tagen –,
dich liebevoll zu umarmen
und seelisch und körperlich
zu nähren.**

Wir haben gute und wir haben schlechte Tage in unserem Leben. Diese Übung soll dir helfen, dich daran zu erinnern, wer du wirklich bist – und das auch an schlechten Tagen. Gib dir dieses Versprechen, dass du immer für dich da sein willst, aus vollem Herzen.

Hiermit erkläre ich, ... (Vorname),
dass ich ...

- mich in schlechten Tagen so annehme wie in guten Tagen,
- ab sofort für meine Wahrheit einstehe,
- für mich selbst da bin und nicht immer nur für die anderen ...

- ....
- ....
- ....
- ....

FINDE DEINEN

SOULMATE,

DER AUF DIESELBE WEISE LIEBT,
WIE DU ES TUST!

CHRIS *bloom*

SOULMATE ODER LEBENSPARTNER?

Es gibt in unserer Welt einen Unterschied zwischen deinem Seelenpartner und einem Lebenspartner. Durch deinen Seelenpartner fühlst du dich vollkommen gesehen, geheilt und intakt, als würde kein Teil des Puzzles fehlen. Ein Lebenspartner hingegen kann ein großartiger Unterstützer und langjähriger Begleiter sein, ist jedoch in seiner Fähigkeit, deinen Horizont zu bereichern und dich zu stärken, eingeschränkt.

Die meisten von uns bleiben in Lebenspartnerschaften, weil wir uns darin aus einer Vielzahl von Gründen »niederlassen«. Insbesondere die Angst davor, allein zu sein oder allein zu bleiben, kann unbewusst dazu führen, dass wir regelrecht in Beziehungen verharren.

Die unvermeidliche, oft unangenehme Frage, die wir uns stellen müssen, lässt sich letztlich nicht umgehen: »Ist dies die Person, mit der ich ›schicksalhaft‹ mein Leben teilen darf und mit der mich ›etwas Großes‹ verbindet?«
Egal, ob deine Beziehung eine Seelenpartnerschaft ist oder schlicht eine Verbindung zweier Menschen, die sich lieben und sich auf die Stärken und Schwächen des anderen eingelassen haben: Die Entscheidung liegt bei dir. Das Schöne am freien Willen ist, dass du deine Beziehungen frei wählen oder sie so verändern kannst, wie du es für richtig hältst.

Sieben Attribute eines Soulmates

- Du fühlst eine tiefe Verbundenheit.
- Du weißt, was der andere denkt, und ihr versteht euch einfach blind.
- Ihr seid mental unzertrennlich: Du kannst die Sätze des anderen vollenden.
- Du hast Déjà-vus: Es gibt Situationen, in denen dir Erlebnisse bekannt vorkommen.
- Du liebst den anderen so, wie er ist, und damit auch seine Fehler.
- Eure Liebe ist bedingungslos: »Wir zwei gegen den Rest der Welt!«
- Du fühlst dich sicher und geschützt.

SELBSTVERTRAUEN

SAGE NEIN
ZU JEMANDEM,
DER DICH MIT
»**VIELLEICHT**«
HINHÄLT!

Kommen dir solche Menschen bekannt vor? Wähle dich selbst und lass dich nicht hinhalten. Solange du nicht Nein sagen kannst, wirst du nicht wahrgenommen, und es wiederholt sich immer wieder derselbe Mechanismus in deinen Beziehungen. Solange es kein Commitment gibt und der andere unverbindlich bleibt, so lang wirst du nicht wahrgenommen.
Erschaffe den Raum für die Menschen, die dich so lieben, wie du bist. Mache deinen Selbstwert nicht abhängig von Menschen, die dich nicht sehen und in deiner Ganzheit erfassen können.
Lass Menschen los, die nicht die Fähigkeit besitzen, deinen wahren Wert zu erkennen. Lass Menschen los, die dich hinhalten und nicht Ja zu dir sagen können.

Sag Nein zu diesen Menschen und sag Ja zu dir!

Warte nicht darauf, dass andere dich wählen, sondern wähle dich selbst. Du hast die Fähigkeit, in deine Kraft zu gehen und für dich einzustehen.
Mit deinem Ja zu dir setzt du ein Zeichen und lädst Menschen in dein Leben ein, die deine Größe sehen.

HALTE ENERGIERÄUBER FERN UND FINDE HERAUS, WAS DICH NÄHRT!

Deine Energie ist wichtig!
Deshalb geht es jetzt darum, dich vorbeugend zu fragen, welche Gewohnheiten, Aktivitäten oder Gedanken dich nähren. Welches Gefühl gibt dir neue Energie?

Fühlst du dich manchmal von Energieräubern umgeben? Das sind Menschen, die immer nur das Negative zu sehen scheinen und an allem, was du tust oder sagst, etwas auszusetzen haben. Das sind meist die Treffen, nach denen du dich schlechter fühlst als vorher. Dabei ist deine Energie die wichtigste Währung, die du hast! Halte dich also von Energieräubern fern und widme dich Dingen und Menschen, die dir energetisch guttun!

Was kann im Alltag helfen, Energie aufzutanken? Zum Beispiel:

- ein Buch lesen
- ein Spaziergang in der Natur
- Yoga
- mit einer guten Freundin facetimen

Liste auf, was dir persönlich Energie gibt:

- ....
- ....
- ....

MANCHMAL IST ES BESSER,
WENN DU NICHT BEKOMMST,
WAS DU WILLST, WEIL DU

**ETWAS
BESSERES
VERDIENST!**

CHRIS *bloom*

ZEIT BEDEUTET IN BEZIEHUNGEN NICHTS, CHARAKTER IST ALLES

Ein Mensch kann dir in zwei Monaten ein Gefühl geben, das dir jemand anders nicht in zwei Jahren geben konnte.

Hast du dich schon einmal gefragt: »Warum muss ausgerechnet mir das passieren?« Allzu oft hadern wir mit den Dingen und Menschen, die in unser Leben kommen. Zeit ist irrelevant. Woran du dich wirklich erinnerst, ist das Gefühl, das dir ein Mensch vermittelt hat. Du kannst Jahre oder gar Jahrzehnte mit jemandem verbringen, doch am Ende des Tages kommt es auf dein Gefühl an.

Manchmal verharren wir in alten Konstrukten und Beziehungen und stecken darin fest. Doch mit der Zeit gewinnen wir Wissen, Erfahrungen und Einsichten. Wir bauen Stärke auf, wir lernen uns selbst besser kennen.
Die Trennung vom Partner oder vielleicht einfach ein kluges Buch können uns veranlassen, unsere vergangenen Entscheidungen, Verhaltensweisen und vielleicht die Beziehung zu erdrückenden Menschen zu hinterfragen.
Du schuldest niemandem eine lebenslange Verpflichtung, die du früher einmal mit deinem damaligen Bewusstsein eingegangen bist, als du die Wahrheit deines Herzens noch nicht sehen konntest.
Du siehst die Wahrheit jetzt, und diese Wahrheit ist dein absolutes und wahrhaftiges Ja zu dir und deinem Leben.

BEZIEHUNG
WIE MENSCHEN
DICH BEHANDELN,
ZEIGT, WAS SIE
FÜR DICH
EMPFINDEN.

Hör auf, Geschichten in deinem Kopf zu erzählen, die so nicht wahr sind. Vielleicht kommen dir folgende Sätze bekannt vor: »Du bist es nicht wert!«, »Du hast es nicht verdient!« Oder: »Die große Liebe ist für jemand anderen bestimmt.« Glaubst du das und lässt dich deshalb schlecht behandeln?

Alle Gedanken, Gefühle und inneren Szenarien, die solche Sätze auslösen, basieren auf Behauptungen anderer Menschen, die nicht der Wahrheit entsprechen. Wenn du immer wieder darauf hörst, dann lässt du dich fremdbestimmen. Das ist anstrengend und nicht authentisch.

Glaubst du auch den Versprechungen bestimmter Menschen in deinem Umfeld und wirst dann immer wieder enttäuscht? Handlungen sprechen eine deutlichere Sprache als Worte! Wenn dir jemand alles Mögliche verspricht, was er für dich tun will, zählt das nur, wenn er es auch einhält.

Versuche, der Realität ins Auge zu schauen und dich nicht durch Worte schlecht behandeln zu lassen. Der richtige Moment dafür ist jetzt. Also steh für dich ein, indem du für dich da bist und frustrierende Beziehungen loslässt.

SAGE ETWAS WERTVOLLES UND NETTES ÜBER DICH!

Bist du dir das wert?
Wenn du bereit bist, ehrlich zu sagen,
wer du bist und wie du dich
im Leben zeigst, dann spürst du eine Kraft
in dir, die du bisher nicht kanntest.
Die Worte »Ich bin …« erzeugen diese Kraft!
Sie sagen aus, wer du wirklich bist –
jetzt und in jedem Moment.

Du kannst wählen zu sagen, »Ich bin Liebe« oder »Ich bin Angst«. Was, glaubst du, fühlt sich ermutigender und positiver an? Probier es einmal selbst aus! Schreibe nun neue kraftvolle Sätze auf, die du in dir nähren möchtest. Wiederhole sie ganz oft, wo auch immer du bist. Nutze sie als Mantra für dich und dein neues wertvolles Selbst.

Beispiele für positive »Ich bin …«-Sätze:

- Ich bin Freude.
- Ich bin Glück.
- Ich bin Leichtigkeit.
- Ich bin Liebe.

Formuliere deine eigenen Mantras:

Ich bin …

- ....
- ....
- ....
- ....

DER GLAUBE AN DICH

\+ TRÄUME

\+ POSITIVE MENSCHEN

= **WUNDER-VOLLES LEBEN**

CHRIS *bloom*

BEZIEHUNG

KREIERE DEN RAUM FÜR DIE BESTE VERSION EURER SELBST

Eine gesunde Beziehung ist diejenige, in der zwei unabhängige Menschen die Vereinbarung treffen, im anderen immer dessen beste Version zu sehen.
Wenn du die beste Version deiner selbst lebst, dann inspirierst du andere, die beste Version ihrer selbst zu leben. Gib dich nicht mit weniger zufrieden. Lass dich nicht auf »Spiele« oder gegenseitiges Kleinhalten ein.
Wenn du in anderen Menschen deren beste Version wahrnimmst und wertschätzt, wenn du ehrlich und liebevoll mit ihnen umgehst, kreierst du auch für dich selbst den Raum, in dem du mehr und mehr die beste Version deiner selbst

werden kannst. Tritt in diesen Raum in deiner Beziehung ein! In diesem Raum musst du niemand anders sein als du selbst, um die Welt und deine Beziehungen zu verändern.

Welche Version deiner selbst wärst du, wenn es keine Grenzen gäbe und wenn alles möglich wäre?

Für mich bedeutet, die beste Version meiner selbst zu leben, ein dankbarer Mensch zu sein, der mit offenem Herzen die Welt entdeckt. Denn in dieser Version herrschen weder Angst noch Misstrauen, sondern Liebe und Vertrauen.
Sei dankbar für alles! Für alle Menschen, die dich lieben. Auch für jene Zeiten, in denen du nicht immer die beste Version deiner selbst warst. Sei dankbar für all die Momente, die du gesammelt hast, um herauszufinden, wohin es dein Herz zieht. Deshalb sind wir hier.
Inspiriere andere mit Liebe, Engagement und Authentizität. Das ist dein Leben. Dein Herzschlag. Deine Leinwand. Sei die beste Version deiner selbst!

Sei dankbar für alle Menschen, die dich lieben!

SELBSTVERTRAUEN

DU KANNST KEINE
ERINNERUNGEN LÖSCHEN.
ABER DU KANNST
DEREN SCHWERE ENERGIE
LOSLASSEN.

Hast du schon einmal eine Entscheidung getroffen, die du später bereut hast? Doch damals wolltest du eben die entsprechende Erfahrung machen. Die Frage, die wir uns stellen dürfen, ist eher: Warum halten wir an den alten Gefühlen fest? Wenn wir loslassen, haben wir beide Hände frei. Es wird nur dann schwer, wenn wir die Hoffnung nicht aufgeben wollen, dass uns die Vergangenheit doch noch etwas anderes bringt.
Wir können dieses Elend und die Schwere in Leichtigkeit verwandeln, indem wir die innere Wunde heilen. Das gelingt, wenn wir die Situation akzeptieren, denn nur dann können wir das Alte schließlich loslassen.

Heilung beginnt mit Akzeptanz und gipfelt im Loslassen.

Träume, liebe und lebe groß! Du bist dazu bestimmt, in der authentischen Wahrheit deines Herzens zu leben. Wenn du dies tust, lädst du neue Menschen mit starkem Charakter und viel Liebe in dein Leben ein.

ERSTELLE EINE VERTRAUENSLISTE!

In dieser Übung geht es darum, auf das zu vertrauen, was bereits in dir ist. Hier geht es nicht darum, neues Vertrauen zu generieren, positives Denken zu fördern oder Ergebnisse zu visualisieren. Es geht einfach darum, dich auf das zu fokussieren, was du bereits als wahr erfährst.

Konzentriere dich auf das *Jetzt*. Werde dir dessen bewusst, was in dir passiert, und beobachte dein Bewusstsein. Vertraue dir selbst so wie dem Leben – so, wie du darauf vertraust, dass ein Atemzug dem nächsten folgt, dass dein Blut durch deinen Körper gepumpt wird, dass die Sonne morgens aufgeht oder der nächste Vollmond am nächtlichen Himmel steht.

Liste auf, worauf du vertraust, zum Beispiel:

- Ich vertraue meinem Atem.
- Ich vertraue meinen Handlungen.
- Ich vertraue meinem Bauchgefühl.
- Ich vertraue darauf, die richtige Entscheidung zu treffen.

Ich vertraue ...

- ....
- ....
- ....
- ....

DEM, DER DIR DEN

GRÖSSTEN FRIEDEN

SCHENKT, SOLLTEST DU DIE MEISTE ZEIT WIDMEN.

CHRIS bloom

WAS BEZIEHUNGEN EINFACHER MACHT

1. Vertrauen

Vertrauen fördert nicht nur das eigene seelische Wohlbefinden, sondern ist auch die Grundlage für eine dauerhafte Partnerschaft. Wenn mangelndes Vertrauen mit Bindungsproblemen einhergeht, kann der Wunsch nach Kontrolle schnell zum Gefühlschaos führen. Also vertraue dir und dem anderen und erinnere dich an all die schönen Zeiten, die du bisher mit deinem Partner erlebt hast.

2. Kommunikation

Wenn wir einander gerade nicht verstehen können, dann sollten wir uns besonders bemühen, gut miteinander umzugehen. Wenn wir ruhig miteinander kommunizieren, werden wir automatisch klarer sehen. Wenn wir versuchen, unsere jeweilige Perspektive darzustellen, dann können wir einander besser verstehen. Und erinnere dich daran, aus dem Herzen zu kommunizieren.

3. Zuhören

Selbstloses Zuhören hilft, die Situation objektiv und mitfühlend zu betrachten. Wenn wir uns die Ansichten des anderen anhören, ohne unsere Gefühle auf ihn zu projizieren, können wir eher zu einem tieferen Verständnis gelangen. Gegenseitiges Verständnis hilft beiden Menschen, einander klarer wahrzunehmen und dann das zu ändern, was nötig ist, um das Glück des anderen zu unterstützen.

4. Liebe

Wahre Liebe ist, wenn du dich frei und gleichzeitig zu Hause fühlst. Sei dankbar für dein Sein und euer Zusammensein.
Sende allen Lebewesen Liebe. Mögen wir alle unser Selbstbewusstsein steigern. Mögen wir alle lernen, dass wir auf liebevolle und freundliche Weise leben können, und gleichzeitig nicht zulassen, dass andere uns Schaden zufügen.

Raus aus dem Kopf und dem Verstand
und rein ins Herz!

BEZIEHUNG
IN BEZIEHUNGEN BIST DU IMMER 50 PROZENT DES PROBLEMS, ABER ZU 100 PROZENT DIE LÖSUNG.

Wenn uns bewusst wird, mit welchen Entscheidungen und Mustern wir uns selbst sabotieren, kann das erschreckend schmerzhaft sein. Wir haben Angst. Selbst wenn wir diejenigen sind, die eine Beziehung verlassen – sei es eine Freundschaft oder eine Partnerschaft –, werden uns oft erst dann Entscheidungen bewusst, die wir anders hätten treffen können. Und vielleicht wird uns erst dann klar, dass wir früher hätten gehen können.
Wenn wir auf der anderen Seite stehen und verlassen wurden, sehen wir rückblickend oft all die Anzeichen dafür, dass der Weg, auf dem wir uns befanden, eindeutig bergab führte.
Du bist menschlich. Du lernst. Du darfst Fehler machen. Denn wenn du auch 50 Prozent des Problems in einer Beziehung bist, kannst du doch immer wieder zu 100 Prozent für die Lösung sorgen: indem du dir erlaubst, weiter zu wachsen und aus deinen Fehlern zu lernen, damit du die Verantwortung für dich trägst –

in Liebe, Achtsamkeit, Ruhe.

VERBREITE EINE WOCHE LANG LIEBE!

Stell dir vor, dass du eine Woche Zeit hast, um auf der Welt Dinge in Liebe zu verändern. Frage dich: Was würde die Liebe tun? Wir erfahren Dankbarkeit, Mitgefühl und Liebe, wenn wir nicht nur uns selbst, sondern anderen Menschen dienen, wenn wir die Gemeinschaft stärken und einen Beitrag dazu leisten, dass es allen besser geht.

Was würdest du machen? Morgens am Strand meditieren? Gesetze verändern, Strände säubern, Geld spenden, in einem Café oder bei einem Radiosender arbeiten? Die Umwelt stärken und einen neuen Filter entwickeln? Was wäre es?

Mache eine Liste:

- ....
- ....
- ....
- ....
- ....
- ....

DREI DINGE,

DIE DU HINTER DIR
LASSEN SOLLTEST:

- FALSCHE ERWARTUNGEN
- DEIN EGO
- FALSCHE BEZIEHUNGEN

CHRIS bloom

WENN ES ERZWUNGEN WIRD, IST ES KEINE LIEBE

Solange wir etwas erzwingen wollen und nicht hinschauen, was uns einst verletzt hat, so lang werden wir immer wieder dieselben Beziehungen und Geschichten in unserem Leben anziehen. Solange wir zwanghaft an jemandem festhalten, sind wir nicht in Kontakt mit uns selbst.
Lass dich nicht zur Liebe zwingen und setze auch niemand anderen unter Druck, dich zu lieben. Solange wir etwas forcieren wollen, ist das meist mit Unruhe und Stress verbunden. Die Liebe in unseren Beziehungen wird nicht durch den Druck definiert, sondern durch die Freiheit, die wir fühlen, unsere authentische Botschaft zu übermitteln.

Aber wie verhält sich Liebe in ihrem Kern? Liebe gibt Raum und schenkt dir Kraft. Liebe drängt sich dir nicht auf, sie hat Zeit und gibt sich dir in Ruhe hin.

Eigenschaften einer guten Beziehung

- Ihr seid ehrlich zueinander und erwartet weder von euch selbst noch vom anderen, perfekt zu sein.
- Die Verpflichtungen zwischen euch sind klar definiert, das heißt, ihr seid beide bereit, euch immer wieder in die Beziehung einzubringen.
- Euer Vertrauen ist stark, und keiner hat den Drang, den anderen zu kontrollieren.
- Ihr seid gemeinsam aktiv und könnt ebenso gut miteinander chillen und lachen.
- Ihr gebt euch Raum für Wachstum und Heilung.
- Ihr nehmt euch so an, wie ihr seid, und bestärkt euch gegenseitig.

BEZIEHUNG
DU KANNST JEMANDEN LIEBEN UND DENNOCH ENTSCHEIDEN, IHN **LOSZULASSEN.**

Manchmal ist Liebe nicht genug. Und das bloße Aussprechen oder Hören der Worte »Ich liebe dich« ersetzt in einer Beziehung nicht das Bedürfnis nach Respekt, Ehrlichkeit und Authentizität.
Manchmal wird es – obwohl wir Liebe für jemanden empfinden – die beste Wahl sein, diese Liebe im Dienste unseres Herzens aufzugeben. Dann geben wir nicht nur uns selbst Raum und neue Kraft, sondern eröffnen unserem Gegenüber den gleichen Weg. Irgendwann klickt es, und wir erkennen, dass wir andauernd Kompromisse eingegangen sind, um so zu sein, wie wir glaubten, dass andere uns lieben könnten. Doch in diesem Raum – zwischen Kompromiss und eigener Wahrheit – liegt das Potenzial, uns zu entfalten oder zu übergehen.
Wir können andere lieben und uns trotzdem an erste Stelle setzen. Niemand anders wird das tun. Es ist wirklich allein unsere Aufgabe, dafür zu sorgen, dass wir lieben und in vollem Umfang geliebt werden. Also, worauf wartest du noch?

Im Loslassen liebst du dich und den anderen Menschen.

ENTDECKE DEINE SCHWACHSTELLEN!

Lerne dich besser kennen und entdecke, was du in dir nähren möchtest. Wichtig: Mache diese Übung handschriftlich! Kritisiere nicht, was du schreibst. Lass einfach an die Oberfläche kommen, was an die Oberfläche kommen möchte.

Schreibe zwei kleine Geschichten:

- Notiere die Namen von zwei Menschen, die dich leidenschaftlich (!) inspirieren. Schreibe dann auf, welche ihrer Eigenschaften es sind, die dich inspirieren.
- Schreibe nun kurz auf, inwiefern du diese Eigenschaften bereits selbst in deinem Leben kultivierst und wie du noch einen Schritt weiter gehen kannst. Schreibe, ohne groß nachzudenken – vielleicht sogar mit halb geschlossenen Augen.

- Nun mache bitte die gleiche Übung mit einem Menschen, den du nicht magst. Schreibe auf, was dich bei diesem Menschen aus der Ruhe bringt. Auf welches Verhalten reagierst du besonders? Warum bist du froh, selbst nicht so zu sein wie er oder sie?
- Dann atme einige Male tief ein und aus, bevor du weitermachst und nun eine kurze Geschichte darüber schreibst, in welcher Form sich diese Eigenschaften auch in dir finden, selbst wenn du das bisher geschickt vor anderen verborgen hast.

WIEDERHOLE
DIESEN SATZ SO LANGE, BIS DU ES
VERSTANDEN HAST:

»ICH BIN GUT GENUG!«

CHRIS bloom

BEZIEHUNG

DU MUSST NICHT VOLLSTÄNDIG GEHEILT SEIN, UM DICH AUF EINE NEUE PARTNERSCHAFT EINZULASSEN

Allzu oft denken wir, dass unsere alten seelischen Verletzungen erst vollständig geheilt sein müssten, damit wir uns auf jemand Neuen einlassen können, aber:

1. In unserem Leben kommen immer wieder neue Dinge hinzu, die wir heilen dürfen. Und der Weg zu tiefen Bindungen führt über die Brücke der Ehrlichkeit.

Wahre Liebe bietet Raum für Verwundbarkeit, wo wir offen und verletzlich sein und uns dadurch weiterentwickeln können.

2. Du brauchst die Erfahrungen in der Partnerschaft, damit du innere Schlösser öffnen kannst. Ja, genau: Unsere Partner in Beziehungen haben meist die Schlüssel dabei, mit denen wir die Schlösser, die uns blockieren, öffnen können.

Also vergiss die Idee, dass du erst vollständig geheilt sein müsstest. Freunde dich vielmehr mit dem Gedanken an, dass du auf deiner Reise der Heilung immer wieder die passenden Seelen anziehen wirst, durch die sich etwas Neues in dir entfalten kann und die eine neue Facette an dir lieben.

Viel wichtiger ist es, einen Partner zu haben, der die Bereitschaft zeigt, mit dir gemeinsam zu wachsen und heil zu werden! Also gebt euch den Raum und wachst gemeinsam!

Der Weg zu tiefen Bindungen führt über die Brücke der Ehrlichkeit.

BEZIEHUNG
MÖGE DEIN PARTNER
EIN ZUHAUSE
UND EIN ABENTEUER
FÜR DICH SEIN!

Ich wünsche dir, dass du mit jemandem zusammen sein wirst, der dich voll und ganz annimmt und gleichzeitig dein höheres Selbst bestärkt. Eine Seele, die dich beruhigt und dich ebenso verrückt macht. Jemand, der selbst so viel Liebe empfindet, wie du es tust.

Date jemanden, der zu dir sagt:

- Du inspirierst mich.
- Ich bin stolz auf dich!
- Du hast recht, und ich lag falsch.
- Du schaffst das, Babe!
- Ich bringe später Chips mit.

Und werde selbst wie die Person, mit der du zusammen sein willst. Die Person, die du heiraten möchtest!

SCHREIBE DEINE FÜNF GRÖSSTEN STÄRKEN AUF!

In dieser Übung darfst du mal deine persönlichen Stärken auflisten! Jeder Mensch hat individuelle Stärken. Ja, richtig gelesen: auch du! Das ist nicht nur ein Motivations-Mantra, sondern ein Fakt, den du dir bewusst machen darfst.

Indem wir die Aufmerksamkeit auf unsere Stärken legen, stärken wir uns! Also schreibe die Stärken auf, die du hast! Alles ist erlaubt. Frage auch gern deine beste Freundin oder deinen besten Freund. Ich bin mir sicher, dass du etwas Neues über dich erfahren wirst!

Beispiele für Stärken:

- Ich zeige große Empathie.
- Ich kann gut zuhören.
- Ich kann Zusammenhänge leicht verstehen.
- Ich bin schnell begeisterungsfähig.

Und was sind deine fünf größten Stärken?

- ....
- ....
- ....
- ....
- ....

DIE RICHTUNG,

IN DIE DU GEHST,
IST WICHTIGER
ALS DIE
GESCHWINDIGKEIT!

CHRIS bloom

HÄLTST DU AUS ANGST DEINE WAHRHEIT ZURÜCK?

Ich habe die meiste Zeit in meinen Zwanzigern die Wahrheit in meinen Beziehungen zurückgehalten. Ich habe meine wahren Intentionen verborgen, und ich habe niemandem die Wahrheit darüber erzählt, wie ich mich fühlte, weil ich Angst davor hatte, andere Menschen zu verletzen. Ich habe über bestimmte Dinge einfach nicht gesprochen und kam mir dabei nicht einmal unehrlich vor, weil ich ja niemanden direkt anlog.

Und weißt du, was das Resultat des Ganzen war? Ich habe mich nie vollständig geliebt gefühlt. Ich habe keiner Frau erlaubt, in mein Herz zu schauen. Mein Ego und meine Angst haben mich kontrolliert.

Inzwischen weiß ich, dass Angst – wie Freude – zum Menschsein dazugehört und dass wir sie beherrschen können, indem wir ihr Aufmerksamkeit schenken. Verletzlichkeit ist ein kraftvolles Tool, um sich mit einem anderen Menschen zu verbinden. Sie offen zu zeigen beweist Mut und Stärke anstatt Schwäche. Und deshalb spiegelt sich die Tiefe deiner Fähigkeit zu lieben darin wider, wie ehrlich du (zu dir) sein kannst.

Was ich für mich gelernt habe:

Jedes Mal,
wenn du deine Wahrheit zurückhältst,
gibst du deiner Angst
mehr Bedeutung als deiner
Liebe.

BEZIEHUNG
LIEBE
HÖRT NICHT AUF.
NUR GEFÜHLE
TUN ES.

Wenn scheinbar die Liebe vergeht, hast du gar nicht geliebt, sondern warst einfach nur in deine Gefühle verliebt.

Liebe benötigt Raum und Zeit. Manchmal holt uns die Realität schneller ein, als uns bewusst ist. Wir kennen die Gedanken des anderen, aber nicht dessen Pläne. Wir kennen sein oder ihr Aussehen, aber nicht den Charakter. Wenn du einst verliebt warst in Witz, Charme und Humor, bedeutet das nicht, dass du heute in den Charakter dieses Menschen verliebt bist.
Mit der Zeit erlangen wir Weisheit und Einsicht. Und mit der Zeit bemerken wir, dass bloße Gefühle nicht ausreichend sind für eine Beziehung. Denn Liebe ist groß, und du verdienst, großartig zu sein.

Gib dir Raum und Zeit, und alles wird zu dir kommen.

ERSTELLE DEINE AKTUELLE TOP-4-LISTE!

Worauf möchtest du dich in der nächsten Zeit konzentrieren? Notiere vier Dinge, auf die du dich in den nächsten drei Monaten fokussieren möchtest. Damit säst du voller Selbstvertrauen die Samen für etwas Neues!

Dies muss nicht unbedingt eine genaue Liste werden oder ein großes Ding (das kann es aber auch sein).

Worauf würdest du gerne deine Aufmerksamkeit richten?
Wie würde dein Wunschbild aussehen? Zum Beispiel:

- Ich gehe einmal die Woche zum Yoga.
- Ich buche die Abenteuerreise nach Neuseeland.
- Ich suche mir einen (neuen) Job.

Und was sind deine Top 4?

1. ....
2. ....
3. ....
4. ....

SORGE DAFÜR,
DASS DU IM

WAHREN LEBEN

GLÜCKLICH BIST –

NICHT NUR IN DEN
SOCIAL MEDIA.

CHRIS *bloom*

LAKERS
23

BEZIEHUNG

GEHE TIEFE VERBINDUNGEN EIN – NICHT TIEFE ABHÄNGIGKEITEN!

Mit der Nähe kommt die Möglichkeit der Verbindung. Nachdem wir ein bisschen Zeit mit Menschen verbracht haben, können wir erkennen, mit wem wir mehr Zeit verbringen möchten und mit wem der Kontakt nur vorübergehend sein wird.

Die tiefen Verbindungen, die wir zu unseren Lieben haben, werden oft mit Eigennutz umwickelt und vermischt. Nicht etwa, weil wir die Dinge schwierig machen

wollen, sondern weil unser Ego immer eine starke Tendenz dazu hat, kontrollieren zu wollen.
Abhängigkeiten trüben die wahre Liebe, die tiefen Verbindungen zu eigen ist.
Abhängigkeiten verursachen viel Reibung in Beziehungen, weil sie der individuellen Freiheit im Wege stehen.
Es ist nichts falsch daran, bestimmte Dinge in einer Beziehung zu wollen. Aber uns muss klar sein, dass wir andere nicht dazu zwingen sollten, Dinge so zu tun, wie wir es für richtig halten. Stattdessen sollten wir gute Wege der ehrlichen und ruhigen Kommunikation finden, damit sich beide Menschen verstanden fühlen können. Aufgrund dieses gegenseitigen Verständnisses können sich neue freiwillige Verpflichtungen des Einzelnen ergeben, um die Harmonie in der Beziehung zu unterstützen.

Abhängigkeiten sind ein Kontrollversuch,
der durch tiefe innere Spannung gekennzeichnet ist;
freiwillige Verpflichtungen sind ein Versuch,
Glück und Harmonie zu fördern,
der durch die Bereitschaft zur Liebe gekennzeichnet ist.

SELBSTLIEBE
GRENZEN
WERDEN AUS LIEBE
GESETZT UND
MAUERN
AUS ANGST ERBAUT.

Wenn du einmal verletzt worden bist und die Verletzung so groß ist, dass du Angst hast, dich wieder neu einzulassen, dann solltest du Grenzen setzen. Aus Liebe zu dir. Denn Grenzen machen deutlich, wer du wirklich bist und dass du dich wertvoll fühlst. Also, los geht's:

Vier Wege, gesunde Grenzen zu setzen

1. Nimm dich selbst bewusst wahr.
2. Behandle dich selbst mit Liebe und Respekt.
3. Kommuniziere deine Wünsche ehrlich.
4. Baue ein energetisches und soziales Umfeld auf, das dich weiterbringt.

Grenzen kannst du setzen, wenn du dir bewusst machst, was deine Bedürfnisse sind. Sie beschreiben, was zu dir gehört und was zu jemand anderem gehört. Und das ist nicht nur für dich, sondern auch für deinen Partner essenziell!
Wenn du dir dessen bewusst bist, was deine Grenzen sind, dann kannst du sie auch formulieren und kommunizieren. Das macht eure Beziehung einfacher, und du fühlst dich wohler – aus Liebe zu dir!

MALE DIR DEN SCHÖNSTEN ALLER TAGE ZU HAUSE AUS!

Wie sieht deine 24-Stunden-Vision eines idealen Tages daheim aus? Die Frage klingt ziemlich banal – und gleichzeitig irgendwie auch schwierig, oder? Aber frage dich an dieser Stelle einmal aufrichtig, wie du dir deinen Alltag im besten Falle vorstellst.

Konzentriere dich darauf, wie dein idealer Tag aussehen könnte, und mach dir dabei keine Gedanken darüber, ob du tatsächlich eines Tages so leben wirst. Fühle in dich hinein und schreibe einfach drauflos.

Hilfreiche Fragen für deine 24-Stunden-zu-Hause-Vision:

- Wer würdest du sein?
- Mit wem würdest du Zeit verbringen?
- Wie magst du aufstehen?
- Was würdest du tun?
- Wie würdest du Geld verdienen?
- Wie würdest du anderen helfen oder dienen?
- Was würdest du essen?
- Wie würdest du leben?

DEIN KÜRZESTER WEG
ZU MEHR GLÜCK:

STARTE MIT

DANKBARKEIT!

CHRIS bloom

MACH DIR BEWUSST, WOFÜR DU DANKBAR BIST!

**Mit Dankbarkeit lädst du
die Fülle und den Reichtum in dein Leben ein.
Das ist das Wunderbare an der Dankbarkeit:
Sie beschert dir Glück, Freude und Segen.
Sie ist auch das schnellste und effektivste Mittel,
um bei dir selbst anzukommen und wieder
deine eigene Schönheit und Einzigartigkeit und
die der ganzen Erde zu erkennen.**

Ich empfehle dir, die bewusste Dankbarkeit in deine morgendliche Routine mit aufzunehmen.

Liste nun acht Dinge in deinem Leben auf, für die du gerade dankbar bist – zum Beipiel für die tägliche warme Dusche, für deine Gesundheit oder für dein Lieblingsgetränk am Morgen.

Dafür bin ich dankbar:

1. ....
2. ....
3. ....
4. ....
5. ....
6. ....
7. ....
8. ....

VERGIB ANDEREN – NICHT, WEIL SIE ES VERDIENEN, SONDERN WEIL DU SELBST FRIEDEN VERDIENST

Identifiziere dich nicht mit der Person, die dich mit Worten emotional verletzt hat. Manchmal verletzt uns jemand, ohne es zu wollen. Verändere dich deshalb nicht zum Negativen, sondern sei größer und geh in dein Herz. Deine Größe liegt in der Vergebung, der Dankbarkeit und der Erkenntnis dessen, was du nicht mehr willst. Und: Verletzlichkeit zuzulassen macht uns lebendig. Wir werden gesehen und wir werden gehört.

Wenn wir nicht nur den anderen Menschen vergeben, sondern auch uns selbst, dann finden wir Ruhe und Frieden.

Es gibt Worte, die nur darauf warten, von deiner Seele ausgesprochen zu werden. Sobald dies geschieht, wirst du alle Herausforderungen meistern, doch du musst dir selbst treu bleiben! Du bist so viel mächtiger, als du es dir erlaubst!

Ich bin hier, um dir zu sagen: Bitte fang an!

Es ist unglaublich befreiend, wenn wir endlich wissen, was wahre Selbstverantwortung ist. Es fühlt sich so gut an, ehrliche Worte zu sprechen und sich keine Sorgen mehr darüber zu machen, wie sie aufgenommen werden.
Es ist so powervoll, wir selbst zu sein und zu beobachten, wie sich die Welt anpasst, anstatt immer wieder zu versuchen, uns so zu verändern, dass wir der Welt entsprechen.

HEARTreSET YOURSELF

= ANNEHMEN, WAS IST
+ LOSLASSEN
+ NEU AUSRICHTEN

CHRIS *bloom*

HÄLTST DU NOCH FEST, ODER BIST DU BEREIT LOSZULASSEN?

Hältst du noch fest? All das, wohin du gelangen möchtest, liegt jenseits des Loslassens.
Wir lassen oftmals nicht los, weil das Gefühl dahinter – gespeist aus alten Mustern, Gewohnheiten und Emotionen – sich vertraut anfühlt und weil eine innere Stimme uns gleichzeitig zuredet, am Alten festzuhalten. Genau das blockiert dann das Loslassen. Doch du merkst meistens durchaus, wenn sich bereits ein großer Part von dir vorwärtsbewegen möchte und nur ein kleiner Anteil noch festhalten will.

Am Ende der Reise, die du antrittst, liegt die Erfüllung deiner Träume. Auf der anderen Seite der Mauern, die du gebaut hast, warten Freiheit, Liebe und Fülle. Grenzen werden aus Liebe gesetzt und Mauern aus Angst erbaut. Wenn du nicht loslässt, kann der Raum nicht vom Universum neu befüllt werden. Alles, was dann bleibt, sind Verletzung, Schwere, Unruhe, Enge und Kleinheit.
Es ist an der Zeit, das Leben zu gestalten, von dem du träumst. Es ist an der Zeit, aufrecht zu gehen und dich nicht mehr klein zu machen. Dann bist du bereit für etwas Neues in deinem Leben.

It's time to let go!

Wenn du loslässt, merkst du, dass du beide Hände frei hast. Klammere dich nicht an etwas, das eigentlich vorbei ist. Akzeptiere den Moment und erfahre so Frieden. Lass los – und das Universum erfüllt dich mit etwas Neuem.
Loslassen ist kein einfacher Prozess, sondern erfordert stetige Hingabe an dich selbst und die Akzeptanz dessen, was ist. Wir alle heilen unterschiedlich, aber wir wissen, dass da draußen etwas Großes auf uns wartet.
Sei mutig und finde eine Übungspraxis, die zu dir passt und dich dort abholt, wo du stehst. Heilung kommt zu denen, die sie suchen.

SELBSTVERTRAUEN
SEI DU DIE
VERÄNDERUNG,
DIE DU
BEI JEMAND
ANDEREM
SEHEN
MÖCHTEST!

Was auch immer in deinem Leben auftaucht, liebe es! Was bedeutet das? Erlaube jedem Gefühl hochzukommen, und schau dir an, was dahintersteckt.

Das ist jedoch eine Herausforderung, oder? Und es ist vielleicht die schönste Lektion im Leben: darauf zu vertrauen, dass Nachrichten und Zeichen genau zum richtigen Zeitpunkt kommen, um so die Chance nicht zu verpassen, sie zu hören, zu sehen und zu fühlen.

Ich schaue nicht auf die Schuld,
ich schaue auf den Raum der Verantwortung.

Die Dinge, die du auflöst, werden sich auf allen Ebenen in deinem Leben positiv auswirken. Du wirst nicht mehr unterbewusst an das denken, was dich blockieren würde. Während der Arbeit, während der Autofahrt oder allein zu Hause. Es ist Zeit, dich zu befreien!

Der Sinn des Lebens ist, zu lernen und zu wachsen. Nicht, perfekt zu sein. Es geht darum, sich allen Dingen zuzuwenden, die auf dich zukommen, dein Herz zu öffnen und zu sagen: »Zeig mir den Weg, ich werde ihn gehen.« Und dann gehst du spazieren. Auch gerade dann, wenn es bedeutet, das zu tun, was dir am meisten Angst macht. Genau dort ist Expansion angesiedelt.

STELL DIR DIE RICHTIGEN FRAGEN FÜR DEIN HEARTSET!

Die Qualität der Fragen, die wir uns stellen, bestimmt die Qualität unseres Lebens. Häufig stellen wir aber keine hilfreichen Fragen, weil wir nicht nach neuen suchen, sondern weil wir uns auf die alten Fragen neue Antworten erhoffen. Und dies meist vergeblich.

Wenn du dich beispielsweise immer wieder fragst: »Warum musste mir das passieren?« oder »Warum immer ich?«, dann erhältst du in der Regel Antworten, die du bereits kennst. Wenn du dir aber *neue* Fragen stellst, dann ist die Wahrscheinlichkeit größer, auch neue und hilfreichere Antworten zu erhalten.
Wenn wir die Sichtweise auf die Dinge verändern, dann verändert sich meist auch unser Denken.

Beispiele für altbekannte und neue Fragen:

- Anstatt dir die Frage zu stellen: »Wohin geht's?«, frage dich lieber: »Wohin zieht es mich?«

- Statt zu fragen: »Warum passiert mir das immer?«, frage dich: »Was kann ich aus dieser Erfahrung lernen?«

- Und sage nicht: »Ich weiß es nicht«, sondern lieber: »Ich vertraue darauf, dass sich die Antwort direkt vor mir entfalten wird.«

ICH DANKE DIR!

Ich freue mich von ganzem Herzen! Du hast es geschafft! Du hast dir selbst Zeit gewidmet und alle 52 HEARTset-Inspirationen gelesen. Für mich gibt es nichts Erfüllenderes, als dich dabei zu begleiten.
Wenn du magst, dann teile doch mit mir, was bei dir passiert ist, zum Beispiel per E-Mail. Ich freue mich auf deine Nachricht und schreibe dir zurück – versprochen! Ich freue mich ebenso von ganzem Herzen, wenn wir diese Reise weiter gemeinsam machen. Ich kann aus Erfahrung sagen, dass es im Leben darum geht, sich immer weiter zu entwickeln, noch genauer hinzuschauen und immer wieder die Liebe in sich zu spüren.
In der Liebe liegt unsere wahre Kraft. In dem Gefühl, wer wir sind, was uns ausmacht, was uns Freude bereitet, wie wir das Leben erfahren wollen. All das!

Ich wünsche dir alles Liebe
und freue mich auf das, was kommt!

Über die folgenden Kanäle können wir uns verbinden:

E-Mail: hallo@chrisbloom.de

*Instagram: @chris.bloom_*

YouTube: Chris Bloom

Abonniere meinen Newsletter: www.chrisbloom.de/newsletter-anmelden/

*Höre gern in meinen Podcast »The Chris Bloom Show« hinein:
auf Spotify, ITunes, YouTube oder auf meiner Website.*

Du willst die Beziehung zu dir selbst noch weiter entwickeln, um erfüllte Beziehungen zu leben? Dann halte einfach auf meiner Website Ausschau nach meinen aktuellen Kursen, Workshops, Seminaren oder Retreats. Ich freue mich von ganzem Herzen auf dich!

Website: www.chrisbloom.de

ENTSCHEIDE DICH,
WELCHES LEBEN DU WIRKLICH
LEBEN WILLST!
UND SAG ZU ALLEM NEIN,
WAS NICHT DAZU PASST!

LET'S GO!

CHRIS bloom

1. Auflage
Originalausgabe

in der Verlagsgruppe Random House GmbH
Neumarkter Str. 28, 81673 München
Bildnachweis: Frank Bauer: 25, 31, 39, 47, 55, 71, 79, 95, 101; Chris Bloom: 4, 9, 17, 63, 87, 111; Mona Dadari: Titel; Getty Images: 50 (Picerella); iStock.com: 12 (ml 1413), 34 (tristanbnz), 58 (baona), 82 (rclassenlayouts); stock.adobe.com: 20 (Sergiodesilva), 104 (Pellini); shutterstock: 42 (Erkki Makkonen), 66 (Jakob_09), 74 (Daria Artemova), 90 (Felipe Gonzales)
Umschlaggestaltung und Innenlayout: ki 36, Sabine Krohberger Editorial Design, München
Lektorat und Satz: Text & Typo, Gräfelfing
Druck und Bindung: Těšínská Tiskárna, a. s.
Printed in Czech Republic
ISBN 978-3-424-63211-8

www.kailash-verlag.de